MARCO (ALIAS REBORN)

CONQUISTARE UNA DONNA

Le Fondamenta di una Seduzione Sana, Divertente e Genuina per Conquistare le Donne che Hai sempre Desiderato

Titolo

"CONQUISTARE UNA DONNA"

Autore

Marco (alias Reborn)

Editore

Bruno Editore

Sito internet

http://www.brunoeditore.it

Sommario

Introduzione

«Imparare la seduzione? Ma scherzi? Com'è possibile imparare a sedurre? La seduzione è qualcosa di naturale, di spontaneo, non può essere studiata! Ci sono quelli che ci sanno fare e quelli che non ci sanno fare, punto».

Certo, punto. C'è chi nasce "imparato" e gli altri si devono accontentare. C'è chi nasce capace di comunicare bene con l'altro sesso e gli altri si devono crogiolare nella loro solitudine. C'è chi nasce con la capacità di realizzare i propri obiettivi in fatto di donne e chi no. C'è chi nasce sicuro di sé, chi deciso, chi leader, chi affascinante e gli altri non possono fare nulla per cambiare. O forse no?

Se ti dicessi che ogni uomo ha la *capacità di migliorare nella seduzione* cosa penseresti? Se ti dicessi che c'è un gruppo di persone che in Italia ha trasformato, e continua a *trasformare, la propria vita* in fatto di donne e non solo?

Se ti dicessi che attraverso lo studio e l'impegno queste persone *plasmano il loro carattere* e lo rendono come loro vogliono? Se ti dicessi che questo gruppo è formato da *diverse migliaia di uomini*? Non ci credi? E se infine ti dicessi che questi uomini si trovano a studiare su un sito Internet seguitissimo?

Magari all'inizio penseresti che sono tutte sciocchezze, che si tratta delle solite fregature che ci sono su Internet e che promettono sogni irrealizzabili.

Se la pensi così sappi che io **posso capirti**. È normale diffidare di queste cose nuove e particolari. Allo stesso tempo, però, ti chiedo di fare un piccolo sforzo e di seguirmi nelle prossime pagine. Proverò a spiegarti perché è possibile imparare la seduzione. Al massimo ti farai quattro risate!

Dissipiamo subito alcuni dubbi e vediamo qui di seguito le obiezioni più frequenti che mi vengono poste.

Obiezione 1: «La seduzione è qualcosa di magico e inspiegabile».

La seduzione e l'amore hanno sempre mantenuto, nei secoli, un alone di **mistero**. C'è sempre stata una componente magica e inspiegabile attorno a queste cose.

Ma "magico" è in realtà tutto ciò che *non riusciamo a spiegarci.* Lo prendiamo e lo chiudiamo nella *sfera del non conoscibile* insieme a tutto ciò che consideriamo divino e trascendente.

Un tempo moltissime cose erano all'interno di questa sfera. Le popolazioni antiche adoravano gli elementi naturali (tuoni, fuoco, pioggia ecc.) che erano al di fuori della loro comprensione. Ma anche il corpo umano era un mistero troppo complicato per essere decifrato.

Poi, negli anni, la *conoscenza* ha fatto *passi da gigante* ed è riuscita a spiegare moltissime cose: lo sviluppo, la crescita personale ecc. Ha preso le *conoscenze più pratiche* e le ha messe a disposizione delle persone che avevano desiderio di migliorare la loro vita.

Così, c'è chi è diventato un bravo comunicatore, chi un genitore migliore, chi un imprenditore di successo e queste abilità, che prima erano relegate al "o nasci così o non sei capace", ora possono essere apprese.

E la **seduzione** invece? «La seduzione no!» Perché no? Perché ci *piace* pensare che sia tutta una "magia" e che non ci siano regole. *Ma le regole ci sono eccome!*

Hai mai notato come ci siano *persone più brave di altre nella seduzione*? Hai mai notato come ci siano uomini che hanno sempre una bella donna al proprio fianco e altri no? Com'è possibile?

Semplice: questi uomini hanno delle *strategie*, dei *modi di fare*, di *pensare*, di *muoversi*, di *comunicare*, *efficaci nell'ambito seduttivo*. Tutte cose che puoi *studiare e modellare* per ottenere gli *stessi risultati*.

In realtà, metà strada è già fatta perché io le ho già studiate, sezionate e rese applicabili e riproducibili per te.

Obiezione 2: «Modellare? Tu intendi copiare gli altri! Ma io sono me stesso, non voglio copiare nessuno».

Ho una notizia per te: *noi copiamo continuamente dagli altri*. Ok, non ti piace il termine "copiare" e ammetto che non è molto bello. Usiamone un altro allora: "prendere spunto".

Noi prendiamo sempre spunto da ciò che ci circonda. Tu sei un intricato insieme di molti comportamenti che hai visto negli altri: nei tuoi genitori prima di tutto, ma anche nei tuoi parenti, nei tuoi amici e persino da cose che hai visto alla televisione, sentito alla radio o letto in un libro.

Sono stati presi migliaia di ingredienti, messi in uno shaker, e dopo aver agitato bene sei venuto fuori tu ☺.

Ti lancio un'idea: perché invece di prendere ingredienti un po' a caso non *scegliamo quelli migliori*? In questo modo ci sono molte più possibilità di avere un risultato efficace, o no?

Se potessi scegliere 5 caratteristiche da avere per giocare a calcio in Serie A, quali sceglieresti? Le mescoleresti a caso? Certamente no. Prenderesti quelle che più ti sono **utili** come, ad esempio, velocità, scatto, resistenza, controllo di palla e visione di gioco.

La stessa cosa la puoi fare nella seduzione. Solo che, mentre nel calcio è necessaria una componente genetica non di poco conto, nella seduzione non è affatto così.

Obiezione 3: «Sì invece, perché è risaputo che gli uomini belli sono quelli che hanno più successo».

Qui puoi finalmente scoprire la verità sul legame che c'è tra bellezza maschile e seduzione! Non negherò certo che essere belli un po' aiuta, ma allo stesso tempo *non è assolutamente il fattore fondamentale* e non ha motivo di esserlo. Ti spiegherò il perché nel primo capitolo, in cui vedrai anche i fattori in base ai quali una donna sceglie l'uomo.

Ma allora, come ci spieghiamo che molti uomini belli abbiano più successo in fatto di donne? Certo, c'è una correlazione evidente. Ma **correlazione** non vuol dire **causazione**. In parole povere: solo perché due cose sono collegate, solo perché due cose si presentano assieme, non vuole necessariamente dire che una sia la causa dell'altra.

Come dire: «I fantini che partecipano alle gare di cavalli sono piccoli, questo significa che andare a cavallo causa una forte diminuzione di statura». Non ha senso, non trovi?

Il legame tra bellezza maschile e successo nella seduzione c'è, ma è **più complesso** di quello che appare.

Immagina per assurdo due bambini identici in tutto, due *cloni*. L'unica differenza è che uno dei due è *più bello dell'altro*. Fin da piccoli, e poi fino alla preadolescenza, i due ragazzini interagiscono con il gentil sesso. Inizialmente hanno la stessa sicurezza e lo stesso modo di fare. Tutto identico ma... il ragazzino più bello riceve *un po' più feedback positivi*, proprio per merito del suo aspetto migliore.

Cosa accadrà? Che avendo avuto risposte migliori dall'altro sesso e avendo ottenuto i primi successi, questo bambino, fin da piccolo, avrà un'**autostima** migliore nel campo della seduzione e, soprattutto, un più alto senso di **autoefficacia**. In altre parole, si sentirà di aver maggiori capacità per avere successo in quel determinato campo.

Dunque, un piccolo vantaggio in un'area non fondamentale (l'aspetto fisico) ha generato un grande vantaggio in un'area invece fondamentale: *la sicurezza con le donne.*

Riesci a distinguere i contorni del quadro che si sta delineando? Ciò significa che gli uomini di bell'aspetto non hanno maggior successo per il loro aspetto in sé, ma perché questo ha permesso loro di avere, sin da piccoli, feedback migliori.

Questo ha aumentato il loro senso di autoefficacia, la loro **autostima seduttiva**, se così vogliamo definirla e, di conseguenza, hanno attuato tutta una serie di modi di fare, di comportarsi e una mentalità vincente utile alla seduzione. A sua volta tutto questo ha creato *feedback esponenzialmente migliori* che hanno aumentato ancora di più la loro sicurezza, in un circolo virtuoso che si è autoalimentato.

E qui c'è la buona notizia: tu puoi fare la stessa cosa! Ho studiato per te le migliori **tecniche di seduzione** e le ho scomposte a fini didattici, ma ti assicuro che sono quanto di più naturale ci sia, cosa che potrai vedere con i tuoi occhi.

Ma il discorso sulla bellezza non finisce qui, c'è di più. Immagino che tu abbia presente quanto cambiano alcune donne (un po' tutte ma alcune in particolare) con l'aiuto di un po' di trucco e un bel vestito. Anche per gli uomini è importante curare l'aspetto ma, allo stesso tempo, c'è una serie di **fattori** ancora **più importanti**.

Organizziamo ad esempio un Focus Group, cioè un gruppo di donne che devono dare la loro opinione. Prendo dieci uomini che non hanno proprio successo con il gentil sesso e li faccio camminare davanti a queste donne. Alla fine, le donne danno un voto alla bellezza (ripeto, bellezza) di questi uomini.

Poi prendo gli uomini e li tengo con me dieci minuti, spiego loro qual è il linguaggio corporeo corretto, calmo la loro respirazione, mostro loro lo sguardo e l'espressione migliori. Li faccio camminare di nuovo davanti alle donne e cosa accade? Accade che *le donne danno voti molto più alti di prima alla bellezza di questi uomini.*

Alla bellezza? Ma se non è cambiato nulla a livello di aspetto fisico! Come è possibile?

Non è cambiato nulla? Pensi che l'aspetto fisico sia formato solo da tratti corporei? Niente affatto! Non giudichiamo i cadaveri! Giudichiamo persone vive e vegete, che respirano in un certo modo, che si muovono in un altro modo, che guardano, toccano, camminano in un certo modo e questo **influisce** enormemente sulla loro **bellezza**.

Hai mai conosciuto una donna che sia tu sia i tuoi amici reputavate "oggettivamente" non molto bella, ma che aveva fascino e piaceva a tutti? Questo è ciò di cui sto parlando e *molto di più.*

La buona notizia è che questo vale sia per il giudizio maschile che per quello femminile ma **molto di più** per quello femminile, cioè per il giudizio che le donne hanno sugli uomini.

In altri termini: il **linguaggio corporeo** di un uomo influenza in maniera veramente fortissima la misura in cui viene percepito bello. Nei capitoli successivi, quindi, ti spiegherò come essere più bello con semplici cambiamenti e come rendere naturale e spontaneo questo linguaggio corporeo, in modo che alla fine tu non debba più pensarci.

Obiezione 3: «Ma che senso ha fingere di essere qualcun altro? Che senso ha fingere di essere sicuri di sé con le donne? Anche se ti impegni a mostrarti diverso, se sei insicuro in fondo resterai sempre insicuro!»

Prendiamo come esempio la **sicurezza** (anche se questo vale per qualsiasi altra caratteristica del tuo carattere). Cosa ha fatto una persona naturalmente sicura di sé ad esserlo? Risposta: attraverso una serie di *esperienze che hanno formato il suo carattere*, nulla di più. Ha superato alcuni timori, ha ricevuto feedback positivi e ha così formato il suo carattere, la sua autostima e la sua visione di se stesso e del mondo.

Cos'è necessario fare, secondo te, per raggiungere *la stessa sicurezza*? Fare quello che ha fatto lui! Fare una *serie di esperienze*! Ma dato che non vogliamo perdere tempo, invece di farle in una vita intera, come per un uomo che è naturalmente sicuro di sé, le puoi fare **condensate** in un tempo minore, in un *mix vincente* per raggiungere gli stessi risultati nel *minor tempo possibile*. Sia chiaro: i risultati sono possibili solo se ci metti dell'impegno. Io posso darti le giuste strategie, ma l'azione ce la devi mettere tu.

Ciò che andrò a mostrarti non sarà quindi fingere di essere qualcun altro. Non si tratta di fingere ma di **cambiare**, non si tratta di prendere un rospo e di farlo camminare come un principe, si tratta di *trasformarlo in un principe che è in grado di avere le donne che ha sempre desiderato*. Poi, che si voglia una breve storia, sesso, una relazione o il matrimonio, non è importante. Questo sta a te deciderlo. Nei miei scritti impari l'arte ma la decisione di come applicarla è solo tua.

Ah, dimenticavo… perdonami la metafora! Non ti considero un rospo, è solo che veniva bene con la storia del principe azzurro ☺.

Ti starai dicendo: «Ma io voglio vedere le cose concrete. Ci sono testimonianze del cambiamento di cui stai parlando?» Ti invito a fare un salto sul mio sito per rendertene conto. Non hai idea delle testimonianze di cambiamento che sento ogni giorno in fatto di capacità seduttive. Uomini che prima non vedevano una donna da anni ora hanno il successo che non avrebbero mai lontanamente sognato di avere. Fai un salto su SeduzioneAttrazione.com, sei mio ospite ☺!

Questi uomini che hanno avuto si sono impegnati, perché la pillola magica non esiste e nemmeno la "ricetta per diventare un superseduttore in 24 ore". Questo modo di pensare lo lasciamo a chi vende false magie. Alle false magie io preferisco delle pratiche **metodologie**, e tu?

Se segui questi metodi, ci credi, ti impegni, ti applichi, correggi i tuoi errori e ci riprovi impegnandoti di nuovo, ti prometto un cambiamento che *lascerà a bocca aperta la persona per te più importante*, la persona che più di tutte ti accompagna nella vita, la persona che dovresti iniziare ad amare sempre di più ogni singolo giorno che passa: **te stesso**!

CAPITOLO 1:
Come capire cosa piace alle donne

Lasciami essere schietto e andare subito al punto: quasi tutto quello che la maggior parte degli uomini pensa riguardo a cosa piace o non piace alle donne in fatto di uomini è **totalmente sbagliato**!

Pensiamo che la chiave di volta per conquistare una donna sia la dolcezza, il romanticismo o il mostrarsi premurosi. Capiamoci: queste caratteristiche *non sono sbagliate*, ma non sono quello che inizialmente genera la prima scintilla di attrazione in una donna e soprattutto *non sono ciò che fa la differenza nella conquista di una donna.*

Ma perché tutti la pensano così? La comunicazione di massa ha e ha avuto il suo ruolo nel dare questo messaggio. Hai presente i classici film americani per teenager ambientati nelle scuole superiori?

Lo scenario tipico è questo: il protagonista, dolce e un po' timido, è innamorato della ragazza più bella della scuola. Sfortunatamente, lei è la ragazza del capitano della squadra di football, che però è un insensibile e la tratta male. Al ballo di fine anno lei capisce di essere in realtà innamorata del protagonista e vengono incoronati come re e reginetta del ballo ☺.

La morale del film? Se sei un uomo dolce e premuroso e anche un po' timido non c'è problema, prima o poi una bella ragazza si accorgerà di te, anzi, *la più bella ragazza del tuo ambiente starà con te!*

Se invece apriamo gli occhi e guardiamo in faccia la realtà, ci accorgiamo che non è così: gli uomini più timidi fanno molta fatica a trovare una ragazza mentre gli uomini più sicuri di sé hanno molto più successo.

Quindi dov'è nata questa credenza? Per spiegartelo ti rubo solo un secondo. È molto importante che io ti mostri la nascita di queste credenze errate sulla seduzione perché tu possa capire come stanno le cose nella realtà e cosa piace veramente alle donne.

Nei secoli possiamo trovare diverse manifestazioni del corteggiamento classico. La raffigurazione tipica è l'immagine dell'innamorato sotto il balcone della donna che lo fa impazzire, che canta serenate o recita poesie d'amore. Senza arrivare a queste esagerazioni, l'idea generale è quella di conquistare una donna attraverso i soli mezzi della **galanteria** e della **dolcezza**.

Questo tipo di mentalità, in forme e manifestazioni diverse, c'è sempre stata, ma ha trovato la sua massima manifestazione alla fine del Ventunesimo secolo, subito dopo un movimento che ha rivoluzionato i rapporti tra i sessi: il **movimento femminista**.

Prima di sollevare incomprensioni, tengo subito a precisare che il movimento è ed è stato qualcosa di estremamente positivo perché ha finalmente dato alle donne libertà che prima non avevano.

Il femminismo quindi è stato un movimento importantissimo. Il problema è nato da alcune branche **estremiste** del femminismo che, come capita in ogni estremismo, hanno **distorto** una serie di valori ed **estremizzato** certi concetti.

Cos'è successo nella pratica? È accaduto che queste branche del femminismo hanno *distorto l'immagine del maschio bollando ogni sua manifestazione di sicurezza, di decisione e di grinta come maschilismo*.

Ti invito a fare una prova: discuti con un gruppo di donne su quanto secondo te l'uomo abbia visto un po' scemare, negli ultimi decenni, la propria sicurezza, perdendo in parte il suo ruolo e dovrebbe riprendersi un po' la mascolinità. Qual è la reazione che spesso (non sempre) avviene? Ti senti dare del maschilista.

Questo è ciò che accade in ogni estremismo: i contorni spariscono e le distinzioni si perdono nel grido delle folle inferocite. Ecco quindi il primo pilastro, che ti prego di leggere più volte perché è il fondamento di tutto ciò che seguirà.

PILASTRO n. 1: esiste un modo di essere deciso, di avere grinta, di essere assertivo, di essere uomo (con la U maiuscola) che non significa prevaricare la donna e tanto meno gli altri, ma dare valore agli altri proprio per mezzo di queste caratteristiche.

Tutti gli estremismi non fanno le dovute distinzioni, quindi è tempo di iniziare a farle:

- essere sicuro di te stesso non vuol dire fare lo sbruffone;
- avere degli obiettivi e lottare per raggiungerli non vuol dire essere egoisti;
- essere deciso non vuol dire non ascoltare bisogni e opinioni delle altre persone.

Le distinzioni che ho fatto hanno *radici molto profonde*. Andiamo a vederle facendo un breve viaggio indietro nel tempo, all'epoca degli uomini primitivi.

Nelle tribù preistoriche, come in molti gruppi di animali, era facile distinguere un **maschio-alfa**. Questi era il capotribù, colui che tendenzialmente era più forte fisicamente e che quindi riusciva a sconfiggere chiunque si fosse permesso di contestare il suo primato. Possiamo supporre che attorno a quest'uomo ci fosse un gruppo di uomini, sempre considerati alfa, che lo aiutavano a tenere il comando.

Per una donna, stare con uno di questi uomini rappresentava un grosso **vantaggio**, perché aveva maggiori chance di sopravvivere, poteva essere protetta e prendere il cibo migliore. Tutti vantaggi che si sarebbero poi *traferiti ai suoi figli*, all'intera prole una volta generata.

E gli altri uomini della tribù? Quelli erano considerati "uomini beta", quindi uomini dalle capacità minori. Ciò non vuol dire che fossero degli uomini da buttare via, erano semplicemente "normali".

Ti parlo di quest'epoca perché la parte del cervello adibita alla selezione del partner è rimasta pressoché **immutata**! Questo cosa comporta?

PILASTRO n. 2: i gusti delle donne sono in buona parte gli stessi che nella preistoria; si adattano alle circostanze e vengono filtrati da molte variabili quali valori, genetica, educazione ecc., ma il succo rimane lo stesso: una donna preferisce un uomo-alfa.

A questo punto, molti testi si fermano, concludendo così: «Devi essere un uomo-alfa, *fare sempre il duro che vuole comandare*, perché questo è l'unico modo per piacere alle donne». Questo è **sbagliato**, è solo una visione superficiale della faccenda che non tiene conto di un aspetto fondamentale: *la tipologia di alfa è cambiata*.

Gli studiosi ritengono che questo cambiamento sia avvenuto con il passaggio dall'uomo cacciatore all'uomo agricoltore. Con la scoperta dell'agricoltura avvengono una serie di cambiamenti sociali all'interno dei gruppi che fanno emergere un nuovo tipo di uomo-alfa.

Che differenze ci sono rispetto al primo tipo? Il primo tipo di alfa aveva come vantaggio fondamentale la forza fisica e si imponeva sugli altri grazie a essa. Il secondo tipo, invece, è un *alfa che riesce a usare il cervello a suo vantaggio*, che *non si impone sugli altri* con la forza ma che *grazie alle sue capacità sociali diventa il leader del gruppo*.

In altri termini, la differenza sta in quelle che io chiamo "dominanza negativa" e "dominanza positiva":

- *dominanza negativa*: l'alfa del primo tipo si impone sugli altri, vuole essere il capo incontrastato, pensa prima al proprio benessere e poi a quello degli altri;
- *dominanza positiva*: non si impone sugli altri, dà valore al proprio gruppo e si preoccupa del benessere dei suoi membri.

Per usare una metafora, il primo tipo di alfa mangia prima degli altri perché nessuno si oppone a questo suo atto di forza; al secondo tipo di alfa, invece, viene offerto di mangiare per primo in quanto capo amato da tutti. Poi magari sarà egli stesso a darne ai più piccoli o ai più affamati.

È ovvio che ti sto parlando di personalità agli antipodi proprio per farti capire il concetto. Nella realtà, tra questi due opposti ci sono moltissime sfumature, pur rimanendo, alla base, una divisione particolarmente importante e significativa.

Per farti capire quanto sia importante questo concetto, ti racconto brevemente la mia storia.

Ero un ragazzo **timido** e **insicuro** e avevo avuto pochissime esperienze con le donne. Un giorno, dopo aver toccato il fondo del pozzo ed esserci stato per diverso tempo, decisi di darmi una mossa, spinto dalla frustrazione che provavo e dal sogno di una vita migliore.

Quando iniziai il mio percorso di miglioramento, lessi in giro la teoria sul maschio-alfa senza conoscere questa seconda parte che ti ho appena spiegato.

Pensavo, quindi, che l'unico modo di avere più donne fosse fare un po' il duro, lo sbruffone e imporsi sugli altri. E non il solo, perché anche altre persone che miglioravano assieme a me pensavano le stesse cose.

Risultato? Sembravamo un *piccolo branco di ragazzi esaltati*. Alcuni miei amici mi fecero perfino notare che tentavo di impormi su di loro e sugli altri e fu a questo punto che capii che qualcosa non andava. Scoprii le teorie sui due tipi di alfa e tutto nella mia testa iniziò ad avere più senso.

Notai che più un gruppo di persone è sano e maturo più si trovano in esso uno o più leader con "dominanza positiva". Pensa a una normale compagnia di amici: più i rapporti sono sani meno c'è qualcuno che si impone sugli altri.

Allo stesso tempo ci sono alcuni individui che si preoccupano del benessere del gruppo più di altri, quelli che organizzano di più le cose da fare o che hanno più iniziativa. Il rapporto è così sano che non c'è nemmeno un solo leader, ce ne sono tanti e non si scontrano. Anzi, si lasciano il posto a vicenda in un continuo scambio di ruoli.

È questo il segreto del leader positivo, che non attrae solo le donne, ma è amato da tutti.

PILASTRO n. 3: il tuo obiettivo dovrebbe essere quello di avere "dominanza positiva", non di importi sugli altri, ma dare loro valore per mezzo delle tue capacità sociali.

Riprendiamo un attimo il filo del discorso. Siamo partiti dicendo che la maggior parte degli uomini pensa che ciò che seduce una donna siano determinate caratteristiche come dolcezza e galanteria. Abbiamo spiegato come altre caratteristiche siano state bollate come maschiliste e, fatte le dovute distinzioni, abbiamo visto da dove nascono queste differenze.

A questo punto immagino tu sia curioso di sapere, nello specifico, *cosa piace alle donne e perché*. Bando alle ciance allora, andiamo subito al sodo. Alle donne piace un uomo che abbia le seguenti caratteristiche:

- sicurezza;
- decisione;
- direzione;
- imperturbabilità;
- "dominanza positiva";
- forza d'animo;
- simpatia;
- iniziativa;
- positività;
- responsabilità;
- controllo;
- consapevolezza.

Un bell'elenco non trovi? E perché sono queste le caratteristiche che attraggono le donne? Lo abbiamo già detto, ma vale la pena approfondire il discorso: queste caratteristiche attraggono le donne *perché in epoca primitiva (ma anche ai giorni nostri) aumentavano le possibilità di sopravvivenza delle donne* che stavano con l'uomo che le possedeva. In altri termini, se una donna stava con un uomo che possedeva queste caratteristiche la sua vita era migliore, e non solo la sua, anche quella della sua prole, dei suoi figli.

Questo è ciò che veramente attrae le donne. Il romanticismo, la galanteria, le carinerie possono dare una mano, non sono inutili ma, allo stesso tempo, dovrebbero andare a supportare caratteristiche più importanti come quelle sopracitate.

PILASTRO n. 4: le caratteristiche fondamentali che conquistano le donne sono: sicurezza, decisione, direzione, imperturbabilità, "dominanza positiva", forza d'animo, simpatia, iniziativa, positività, responsabilità, controllo e consapevolezza.

Nei prossimi capitoli andremo più nello specifico e vedremo cosa bisogna fare per sviluppare queste caratteristiche. Ora vorrei mostrarti alcuni tratti della **psicologia femminile** che devi tenere presenti quando seduci una donna.

Sono sicuro che ti sarai reso conto che la maggior parte delle donne si fa qualche **remora** in più rispetto agli uomini quando si tratta di fare sesso con una persona per la prima volta. Spesso per il maschio l'attrazione fisica è una condizione sufficiente per andare a letto con una donna. Per la donna, invece, di solito *ci vuole di più*.

Perché se tra due persone c'è attrazione e uno dei due vuole aspettare a fare sesso, questo qualcuno è la donna? La regola è questa: *il genere che investe di più e rischia di meno in un rapporto sessuale è quello che si concede al sesso con più difficoltà*.

Andiamo a vedere nella pratica cosa vuol dire questa frase. Dicevamo che la parte del cervello adibita alla riproduzione è rimasta pressoché immutata dalla preistoria, ricordi?

Bene, immagina un uomo e una donna preistorici di una tribù: si piacciono e fanno sesso. A quel punto lui può abbandonare la donna, non darle nessun aiuto mentre è in gravidanza, un periodo in cui è molto vulnerabile, e non dare alcun sostegno ai figli.

All'epoca non c'erano leggi e tanto meno strutture di sostegno che potevano dare una mano a una madre senza partner, ma anche oggi è palese che una madre single ha tendenzialmente più difficoltà di una madre con il proprio partner al fianco.

E l'uomo, invece, che rischi correva? Nessuno, non c'erano leggi che lo obbligassero a dare sostegno alla donna e ai figli. Un singolo rapporto sessuale poteva significare *assolutamente nulla per un uomo* e *una vita intera con un figlio al seguito per una donna*.

Questo ragionamento spiega perché la maggior parte delle donne, prima del sesso, ha *bisogno di qualche sicurezza in più*. Anche se oggi esistono gli anticoncezionali, comunque istintivamente una persona di sesso femminile ha bisogno di un po' più di tempo dell'uomo per concedersi alle gioie del sesso.

PILASTRO n. 5: la donna ha bisogno di più sicurezze dell'uomo per avere il primo rapporto sessuale.

Andiamo a vedere un altro aspetto della psicologia femminile: hai mai sentito dire da una donna una delle seguenti frasi?

- «Io non sono una di quelle».
- «Quella va con tutti!»
- «Quella l'ha data a tutti!»

Sotto quelle che, apparentemente, possono sembrare semplici frasi, che prima o poi tutti abbiamo sentito dire, si nasconde un altro aspetto della psicologia femminile che è utile tenere presente quando hai a che fare con le donne: *il bisogno femminile di non sentirsi e di non essere considerata "facile"*.

Il *bisogno di approvazione* da parte delle altre persone è uno dei bisogni fondamentali dell'essere umano ed è *particolarmente accentuato* nelle donne. Ma qui non parliamo solo di questo, c'è dell'altro e, come sempre, tutto nasce con i primi esseri umani.

La nostra natura, come quella di tutti gli animali, ci spinge a *massimizzare le possibilità di far sopravvivere i nostri geni nelle generazioni future*. Da ciò deriva il nostro istinto di procreare.

Al di là degli aspetti morali e di ciò che credi giusto o sbagliato, qual è il modo migliore che ha un maschio di massimizzare le possibilità di passare i propri geni alle generazioni future?

Te lo dico io: da una parte è avere rapporti sessuali con molte donne e, dall'altra, scegliere di stare con la donna che secondo lui è la partner migliore, così da accudire lei durante la gravidanza e i figli, una volta venuti alla luce, per aiutarli nelle difficoltà.

È come un allenatore che allena tutti, ma poi decide di seguire di più il futuro campione, quello più promettente, e dedicargli più tempo. Nota che per l'istinto di riproduzione fare sesso con molte donne coincide con il riprodursi, perché il nostro istinto non è aggiornato all'invenzione degli anticoncezionali e per lui fare sesso vuol dire fare sesso per procreare.

Per l'istinto maschile si delineano quindi *due tipologie di donne*: le donne per il solo sesso e le donne "da relazione". In altri termini divide le donne in due categorie, le donne facili e le brave ragazze ☺.

È interessante notare come la morale cattolica non abbia inventato nulla di nuovo sotto questo punto di vista, ma abbia solo marciato su istinti già presenti nelle nostre menti.

La domanda è: perché, oltre a ciò che abbiamo detto, una donna considerata "facile" per la mente maschile non è meritevole di una relazione stabile?

Per il seguente motivo: una donna facile va con molti uomini con facilità, quindi creando una relazione stabile con lei c'è il *rischio che lei tradisca il suo uomo e faccia sesso con un altro*. Questo significherebbe per il suo partner *allevare della prole non sua* (all'epoca non esisteva il test del DNA) e *diminuire le possibilità di passare i propri geni* alle future generazioni.

Essere considerata "facile" può essere molto pericoloso per una donna anche ai giorni nostri e, infatti, la maggior parte delle donne sta bene attenta al giudizio che gli altri uomini hanno di lei.

Per fare in modo che nessuno la giudichi male, prende subito le distanze da "quel genere di donna" con i commenti e le frasi che abbiamo visto più sopra.

A riprova di questo fatto chiediti: «Quand'è che una donna si lascia più andare? Qual è la situazione in cui si fa meno problemi ad andare a letto con un uomo?»

La risposta è: la **vacanza**! Le donne in vacanza hanno meno remore e sono sessualmente più libere perché, distanti dal loro luogo di residenza, il loro comportamento non incide sul giudizio che le persone con cui vivono di solito possono avere su di loro.

PILASTRO n. 6: una donna non vuole essere percepita come una "facile", quindi non fare mai nulla che possa farla sentire tale: non giudicarla e non vantarti con tutti dopo aver fatto sesso con lei, ma rispetta questo suo bisogno.

RIEPILOGO DEL CAPITOLO 1:

- PILASTRO n. 1: esiste un modo di essere deciso, di avere grinta, di essere assertivo, di essere uomo (con la U maiuscola) che non significa prevaricare la donna e tanto meno gli altri, ma dare valore agli altri proprio per mezzo di queste caratteristiche.
- PILASTRO n. 2: i gusti delle donne sono in buona parte gli stessi che nella preistoria; si adattano alle circostanze e vengono filtrati da molte variabili quali valori, genetica, educazione ecc., ma il succo rimane lo stesso: una donna preferisce un uomo-alfa.
- PILASTRO n. 3: il tuo obiettivo dovrebbe essere quello di avere “dominanza positiva”, non di importi sugli altri, ma dare loro valore per mezzo delle tue capacità sociali.
- PILASTRO n. 4: le caratteristiche fondamentali che conquistano le donne sono: sicurezza, decisione, direzione, imperturbabilità, “dominanza positiva”, forza d’animo, simpatia, iniziativa, positività, responsabilità, controllo e consapevolezza.
- PILASTRO n. 5: la donna ha bisogno di più sicurezze dell’uomo per avere il primo rapporto sessuale.

- PILASTRO n. 6: una donna non vuole essere percepita come una "facile", quindi non fare mai nulla che possa farla sentire tale: non giudicarla e non vantarti con tutti dopo aver fatto sesso con lei, ma rispetta questo suo bisogno.

CAPITOLO 2:
Come migliorare Inner Game e autostima

Cos'è l'Inner Game? Letteralmente è il "gioco interno", ciò che hai dentro, il modo in cui vedi il mondo, le tue credenze, ciò che muove le tue azioni e le tue reazioni.

Se vuoi migliorare le tue capacità con il gentil sesso hai bisogno di cambiare qualcosa **dentro di te**. E ti svelo un segreto: *tutto* ciò che ti spiegherò ha proprio il fine di cambiare qualcosa dentro di te, sì, anche le azioni che compi verso mondo esterno, anche, per esempio, il modo in cui modificherai il tuo linguaggio del corpo. Tutte queste cose hanno un unico fine: modificare qualcosa dentro di te.

Perché? Perché tra esterno e interno, tra dentro e fuori, tra "inner" e "outer", c'è una relazione **biunivoca**. Ciò significa che uno modifica l'altro e viceversa, che *ogni cambiamento dell'uno si ripercuote sull'altro e viceversa*.

Ti faccio un esempio pratico: hai mai notato che uomini poco sicuri di se stessi tendono ad avere un linguaggio corporeo chiuso e a parlare a voce bassa? Qui abbiamo una relazione tra “inner” (poca sicurezza) e “outer” (linguaggio corporeo chiuso e voce bassa).

Cosa può fare un uomo di questo tipo per cambiare? Ha due alternative:

- Può *cambiare la sua comunicazione esterna* (“outer”), per attuare un cambiamento interno. Nella pratica, se inizia ad aprire il suo linguaggio corporeo e parlare a voce più alta, noterà subito un miglioramento e, se continua a farlo, il suo Inner Game, la sua autostima, l’immagine che ha di sé cambieranno in meglio.
- Può *agire direttamente sull’Inner Game* con degli esercizi e questo cambiamento interno *si trasmetterà all’esterno modificando la sua comunicazione.*

Qual è il modo migliore di cambiare? È meglio agire dall’interno o dall’esterno? Come ti suggerirò di lavorare in questa guida? Ti suggerirò di agire in **entrambi i modi**!

PILASTRO n. 7: per ottenere il cambiamento interno desiderato è utile agire sia internamente che esternamente.

Qual è il primo e più importante passo necessario per migliorare nella seduzione? *Lasciar andare il timore e la timidezza verso le donne.*

Ci sono vari tipi di timidezza verso il gentil sesso: alcuni uomini sono intimiditi dalle donne che piacciono loro, altri dalle donne particolarmente belle, altri ancora dalle donne che reputano molto decise e altri dalle donne… in generale!

Sembra banale (e in effetti lo è) ma il modo migliore per superare questi timori è *esporsi, poco a poco, a ciò che fa paura.* "Poco a poco" sono le parole più importanti della frase.

Immagina di aver paura di nuotare. Cosa fai per superarla? Di certo non ti butti subito in acque profonde! Inizierai, ad esempio, a provare a stare a galla dove tocchi, poi farai qualche metro dove non tocchi ma sempre vicino al bordo della vasca e poi, poco a poco, inizierai a nuotare.

La stessa cosa vale per la timidezza verso le donne in generale o verso un certo tipo di donna. Hai bisogno di fare *piccoli passi progressivi.*

PILASTRO n. 8: per superare il tuo timore verso le donne devi esporti facendo piccoli passi progressivi.

Ecco un esercizio utile a tale scopo: prendi carta e penna e, nella parte più alta del foglio, scrivi la tua condizione attuale, mentre in quella più bassa scrivi il tuo obiettivo finale riguardo alla seduzione.

Fatto questo, scrivi **a ritroso**, partendo quindi dal tuo obiettivo finale fino alla tua condizione attuale, **i micro obiettivi** che ti poni, cioè i gradini che dovrai compiere per raggiungere l'obiettivo finale.

Scrivi *almeno dieci obiettivi intermedi* – se ne scrivi di più, meglio ancora. Fatto questo, hai una *scaletta di azioni progressive* che puoi compiere per abbattere la timidezza verso le donne. Ciò che ti consiglio di fare è compiere un'azione al giorno per i compiti che ti generano maggiori emozioni negative. Eseguili più volte in modo da desensibilizzarti maggiormente.

Cosa puoi fare se non riesci a portare a termine alcuni compiti? Li puoi **frazionare** maggiormente: fare un passo indietro, e farlo bene, per poi fare il passo più lungo. Supponiamo che vuoi salire una scala quattro gradini alla volta ma non ce la fai. Hai due alternative:

1. continuare a provare a salire quattro gradini alla volta, cadere farti male e dirti che non ce la puoi fare;
2. fare un passo indietro e *iniziare a salire due gradini alla volta*; quando ce la fai, passi a tre e, quando ti trovi a tuo agio con tre, passi a quattro.

Vediamo un esempio pratico. Diciamo che un tuo obiettivo è approcciare una donna e sedurla. Ci provi e non riesci nemmeno ad avvicinarti a lei. Sei bloccato, l'obiettivo ti sembra troppo grande e ti spaventa. A questo punto cosa accade? Ti disperi? No, **frammenti l'obiettivo**! Ad esempio, all'inizio ti poni l'obiettivo di chiedere il numero a cinque donne per la strada e poi salutarle. Fatto? Bene, il prossimo obiettivo è chiedere l'ora, fare un commento sul tempo e salutare. Fatto? Bene, dopo puoi chiedere l'ora, fare qualche commento, un complimento e provare ad allungare la conversazione.

È solo un esempio, l'obiettivo è lasciare andare la timidezza con le donne, tu sai quali sono i tuoi blocchi in merito e quindi è meglio che tu scelga autonomamente i tuoi obiettivi.

Mi concedi una raccomandazione? Non lasciare che queste parole rimangano sulla carta (sullo schermo del computer o dell'ebook reader ☺) ma mettile in atto. *Leggere non serve a nulla se non c'è azione!*

Qualcuno a questo punto potrebbe chiedersi: da dove deriva questo timore verso le donne? Andando più nello specifico questo timore è, in massima parte, **paura del rifiuto**. Per superarlo, oltre a mettere in atto ciò che ti ho appena spiegato, tieni presente i seguenti punti:

- *La responsabilità non è tutta tua*: per quanto tu possa diventare bravo ci saranno sempre alcune donne che ti rifiuteranno. Per natura non possiamo piacere a tutte!

- *Un "no" non dice nulla sul tuo futuro*: stai migliorando, ti stai evolvendo, quindi se ora una donna ti rifiuta questo non è indicativo delle tue capacità future.
- *Non esistono fallimenti, solo feedback*: un rifiuto è un feedback utilissimo perché ti dà indicazioni su cosa puoi aver sbagliato e quindi su cosa migliorare. Ciò significa che, invece di usare un rifiuto per piangerti addosso, puoi farne qualcosa di positivo, cioè analizzarlo ponendoti la seguente domanda: «Cosa posso migliorare la prossima volta?»
- *Il mondo è pieno di donne*: per molti uomini il rifiuto è un macigno gigantesco che li schiaccia perché agiscono nel modo sbagliato. Fanno i gentili per mesi con una sola donna sperando che questa ricambi, poi, giunti allo sfinimento, si dichiarano e questa li rifiuta. A questo punto hanno investito così tanto tempo in questa donna che la percepiscono come l'unica "donna speciale" al mondo. Inizia a guardarti attorno, inizia a conoscere più donne, noterai che il mondo è pieno di ragazze speciali.
- *Sta rifiutando il tuo approccio, non te*: stai migliorando nella seduzione, stai attuando comportamenti nuovi, stai sperimentando. Magari se l'avessi approcciata in un altro

modo sarebbe stato diverso, quindi non sta rifiutando te, sta rifiutando il tuo approccio.

- *Prenditi il tempo necessario*: i timori non se ne vanno dal giorno alla notte, ogni tanto ci può volere un po' più di tempo e impegno, ma ti assicuro che ne vale totalmente la pena.

Ora che hai capito qual è la modalità principale con cui puoi eliminare il tuo timore per il provarci con una donna e quali sono i punti chiave da tenere a mente, andiamo un po' più nello specifico.

Un problema molto comune nella seduzione è legato alla *dinamica del mostrare/non mostrare interesse per una donna*. Mi riferisco al gioco che spesso si crea nella seduzione, in cui nessuno dei due dichiara o fa capire apertamente le proprie intenzioni e tutto rimane "non detto".

Da una parte è un bel gioco, il classico gioco del flirt, l'atmosfera del flirtare senza dirlo, molto utile nella seduzione. D'altra parte, però, può spesso nascondere un problema: *la paura di mostrare interesse per una donna*.

In altre parole, un uomo può non mostrare le proprie intenzioni per timore di farlo e non per creare un gioco sottile. In questo caso, la situazione può risultare estenuante, in alcuni casi dura perfino diversi mesi in cui lui non si espone per paura del rifiuto e quindi non lo fa nemmeno la donna con cui ci sta provando.

Inoltre il timore di mostrare interesse non fa altro che evidenziare e confermare il timore che lo alimenta: la paura del rifiuto. Cosa fare quindi, nella pratica, per superare il problema?

Per prima cosa è necessario che tu *faccia pace con i tuoi desideri e bisogni*. In qualche momento della nostra vita noi uomini abbiamo imparato che le nostre pulsioni sono qualcosa di "sporco", qualcosa che è necessario tenere nascosto.

Inizia a realizzare che non è così e che, anzi, è l'esatto contrario. *I desideri e le pulsioni verso il sesso opposto sono quanto di più naturale ci sia*, come mangiare, bere o respirare. Sono connaturati alla nostra natura e non c'è alcun motivo di vergognarsi di essi.

Ti vergogni forse di respirare? Non credo, allora non c'è

nemmeno motivo di vergognarsi di desiderare di andare a letto con una donna.

In secondo luogo, andiamo a vedere cosa fare, come esercizio, per liberarti dalla paura di mostrare interesse e superare questo blocco.

Cosa fanno molto uomini? Ci provano con una donna piano piano, sondando il terreno per percepire i segnali, così ci mettono mesi per poi magari prendersi un "no", dato che lei si è stancata di aspettare. Qual è la soluzione?

Invece di nasconderti per mesi *metti subito le carte in tavola, ma in modo scherzoso!* Quando esprimi il tuo interesse in modo scherzoso, si crea un gioco in cui tu stai sì esprimendo il tuo interesse, ma "per gioco" e quindi puoi dire qualunque cosa.

Come esprimere per scherzo l'interesse per una donna? Ad esempio puoi dirle che la vuoi sposare o che la vuoi rapire o, ancora, che vuoi scappare con lei. È estremamente liberatorio e ti evita di andare avanti per mesi a sondare il terreno, magari per nulla.

PILASTRO n. 9: per eliminare il tuo timore di mostrare interesse, invece di nasconderlo, esprimilo apertamente, ma in modo scherzoso.

Andando ancora più nello specifico, un timore che incontro spesso negli uomini è la timidezza verso un certo tipo di donne: *quelle molto belle*. Da dove deriva questo timore? È importante capirlo per iniziare a sfatare il mito che le donne molto belle siano di un altro pianeta.

La causa di tutto ciò sono i mass media, in primo luogo perché ci fanno fare un certo tipo di associazione che, a causa del bombardamento mediatico, si è incisa a fuoco nella nostra mente.

Vediamo, infatti, donne bellissime che pubblicizzano oggetti costosi, le vediamo vicino ad auto di lusso, le vediamo in TV, sentiamo poi dalla cronaca che vanno con uomini ricchi e famosi e facciamo quindi il seguente collegamento: *donna molto bella = irraggiungibile.* Come se appartenessero a un altro universo, come se vivessero in un mondo separato dal nostro!

In secondo luogo, i mass media hanno un'altra colpa, quella di propinarci sempre donne perfette. Grazie, infatti, ai software di fotoritocco e all'uso del trucco, *vediamo solo immagini di donne dalla pelle liscissima*, senza una sola imperfezione in tutto il corpo.

Tralasciando un lungo discorso che si potrebbe fare su quanto le donne stesse siano bombardate da questi standard impossibili da raggiungere, e quindi possano sentirsi brutte senza motivo, vediamo cosa comporta per gli uomini.

Innanzi tutto comporta il pensare che questo genere di donna esista. Ne vediamo così tante, sui cataloghi, sulle riviste, alla televisione, che ormai crediamo veramente che la perfezione femminile esista e questo non fa altro che elevare ancora più in alto le donne molto belle facendoci scendere sempre più in basso.

Ti invito quindi a sfatare un **mito**, quello della **bellezza perfetta**. Come puoi fare? Molto semplice, vai su Youtube e cerca ad esempio "celebrità senza trucco". Fai un bel giretto, guardati qualche video… rimarrai sconvolto! Un avvertimento: alcune donne che consideravi stupende faranno un tonfo molto rumoroso nella tua classifica personale, sei avvertito ☺.

Ora che abbiamo discusso in maniera razionale della questione delle donne molto belle, vediamo come cambiare la tua **percezione della loro perfezione**. Useremo un trucco che probabilmente conoscevano anche i tuoi nonni e che usavano per superare la paura delle interrogazioni.

Scegli una donna che consideri particolarmente bella, così bella da essere perfetta. Ora immaginala al mattino appena alzata, struccata, con il viso segnato dal sonno. Immaginala mentre si alza a fatica e cerca a tentoni il bagno, immaginala mentre si lava e fa tutti i suoi bisogni ☺.

Più vivida riesci a immaginarti la scena meglio è. Quando hai fatto, scegli delle altre donne che consideri troppo belle e ripeti l'esercizio.

PILASTRO n. 10: per eliminare il tuo timore verso le donne molto belle immaginale al mattino appena alzate.

Ora hai un bel po' di strumenti pratici da mettere in atto, buon divertimento!

RIEPILOGO DEL CAPITOLO 2:

- PILASTRO n. 7: per ottenere il cambiamento interno desiderato è utile agire sia internamente che esternamente.
- PILASTRO n. 8: per superare il tuo timore verso le donne devi esporti facendo piccoli passi progressivi.
- PILASTRO n. 9: per eliminare il tuo timore di mostrare interesse, invece di nasconderlo, esprimilo apertamente, ma in modo scherzoso.
- PILASTRO n. 10: per eliminare il tuo timore verso le donne molto belle immaginale al mattino appena alzate.

CAPITOLO 3:
Come sedurre con il linguaggio del corpo

Eccoci arrivati al capitolo che parla del linguaggio corporeo. Ti avverto fin da subito che, al fine di non tralasciare argomenti importanti, useremo il temine "linguaggio corporeo" in senso lato, includendo anche *il look e l'aspetto fisico in generale*.

Un famoso esperimento ha decretato che la maggior parte della nostra comunicazione avviene attraverso il linguaggio del corpo. Questo è *particolarmente vero* nella seduzione dato il suo legame con meccanismi riproduttivi molto antichi. Andiamo subito al sodo: quali sono i due **punti chiave** che devi mettere in atto per migliorare il tuo linguaggio corporeo?

«Solo due? Come fanno a essere solo due? E io che ho studiato libri su libri di linguaggio corporeo!» Sì, solo due! Vorrei infatti evitare di darti troppe indicazioni per assicurarmi che tu metta in atto solo le due fondamentali:

1. *Spalle aperte*: non intendo stare come un soldatino! Allarga le spalle e rilassale, questo è un punto fondamentale per una postura molto più maschile.
2. *Occupa spazio*: vuol dire occupare spazio attorno a te, stare con le gambe un po' più aperte quando sei in piedi o seduto e non aver paura di prenderti il tuo spazio con le braccia (ovviamente evita di incrociarle).

Messi in atto con costanza, questi due semplici accorgimenti trasformeranno il tuo linguaggio corporeo. Ci vuole del tempo? È ovvio. Hai avuto un certo linguaggio corporeo e una certa postura per tutta la vita e non puoi pretendere di cambiarli in 24 ore, ma con la pratica naturalizzerai questi comportamenti e non solo aumenterai l'attrazione nelle donne nei tuoi confronti ma ti sentirai fisicamente meglio.

PILASTRO n. 11: i due punti chiave per migliorare il tuo linguaggio corporeo sono allargare le spalle e prendere spazio attorno a te; allenare con costanza questi due aspetti è la base per ottenere un linguaggio corporeo efficace.

Parliamo ora del tuo aspetto fisico. Abbiamo già detto che essere belli ha poca importanza nella seduzione. Certo può dare una mano, ma non è un componente fondamentale. Ci tengo a ribadire il concetto perché ho visto molti uomini brutti con donne da capogiro (e non erano di certo ricchi!) e uomini belli con donne di poco valore, e giudicando queste donne non mi riferisco solo alla bellezza fisica, ma anche al portamento, al carattere, al fascino, alla simpatia.

Detto questo, è comunque utile che ognuno **si valorizzi**, che valorizzi il suo aspetto in vari modi. Questo non vuol dire che tu debba diventare un uomo sempre a puntino o un *fashion victim*, perché potrebbe persino essere controproducente. A meno che tu non lavori in settori in cui è d'obbligo essere sempre perfetti e all'ultima moda (come il settore dell'abbigliamento, appunto), il fatto di essere sempre tirato a puntino potrebbe crearti dei problemi.

Una volta una donna mi stava raccontando di un'uscita con un uomo e, a un certo punto, concluse con: «Sì, era bellissimo e molto simpatico ma… era più tirato di me! Non ce la potevo fare!» In altri termini, *l'essere sempre perfetto richiama caratteristiche femminili e quindi può farti passare per gay o comunque non piacere!*

PILASTRO n. 12: sebbene la bellezza maschile non sia molto importante nella seduzione, allo stesso tempo è utile che un uomo si valorizzi.

Tuttavia per molti uomini che iniziano a studiare la seduzione questo problema non si pone, anzi, si pone il problema opposto. Spesso, infatti, *non curano a sufficienza la propria persona*.

Per la seduzione è utile, prima di tutto, una *normale cura del proprio aspetto*. Non devi, cioè, essere perfetto né troppo trasandato. Ma dato che il concetto di "normale" può essere relativo sarà meglio specificarlo nel dettaglio:

- *Igiene e pulizia di base*: sembra banale ma ti assicuro che molti uomini peccano sotto questo aspetto.
- *Alito*: lavati sempre i denti dopo aver mangiato, soprattutto se fumi. Inoltre, è buona cosa usare un puliscilingua.
- *Barba*: in ordine.

- *Capelli*: prova diversi parrucchieri e chiedi loro un taglio adatta a te. Se la cosa ti spaventa, non preoccuparti, il bello dei capelli è che ricrescono!
- *Sopracciglia*: non devi per forza tenerle sotto costante controllo, basta che siano ordinate e senza un monociglio a coprire metà della fronte.
- *Peli sul corpo*: in generale non c'è problema. Alcune donne si mostrano schifate quando sentono parlare di peli, ma sono solo storie. Al momento del sesso non tirano fuori questi problemi. Altre donne, invece, schifano gli uomini che si depilano, ma anche queste, alla fine, se ne fregano. La regola: fai ciò che vuoi, è un aspetto veramente secondario.

Parliamo ora di tre aspetti per cui è necessaria qualche parola in più. Il primo è il **peso**: come deve essere il fisico di un uomo per avere successo con le donne?

Prima di tutto chiariamo che, a meno che tu non voglia conquistare donne fissate con la palestra e con gli uomini palestrati, *avere un fisico da body builder può darti dei problemi*: i fisici troppo esagerati, pieni zeppi di muscoli che sembrano esplodere da sotto la maglietta, in genere non piacciono alle donne.

Altra cosa è un bel fisico asciutto con un po' di muscoli, quello sì che piace! Ma non è assolutamente un fattore determinante.

Ed essere un po' sovrappeso? E la classica pancetta? Ti libero da questo peso (dato che siamo in argomento ☺): *essere leggermente sovrappeso non incide minimamente sulla seduzione*. Ovviamente non parlo di 20 chili di grasso in più! Ho detto **un po'** sovrappeso, la classica pancetta insomma.

Spiegare il perché è veramente semplice: secondo te un uomo primitivo con un po' di pancetta era guardato negativamente o positivamente? Positivamente, è ovvio! Significava avere disponibilità di cibo! Allo stesso modo, anche un uomo con un bel fisico era guardato bene, significava forza fisica, molto utile a quei tempi. Quindi non farti particolari problemi: sia che tu abbia un bel fisico sia che tu abbia un po' di pancetta vai benissimo.

Ciò che invece dà qualche problema è l'essere pesantemente

sottopeso. Immagina un uomo molto sottopeso nella preistoria: cosa ti viene in mente? Poca forza fisica e scarsezza di cibo ma soprattutto: malattia!

Non che ora significhi la stessa cosa, ma un tempo poteva essere un indicatore. Significa che se sei sottopeso non puoi sedurre le donne che desideri? Assolutamente no! Ci mancherebbe! Ma *mettere su qualche chilo ti darebbe una mano*, tutto qui.

Come fare? Semplice: ti basta **fare un po' di palestra**! Io ero 8-10 chili sottopeso, ho fatto palestra per un po' di tempo e ora, anche non facendola più, sono ancora nel mio peso ideale.

PILASTRO n. 13: essere un po' sovrappeso non incide sulla seduzione, essere invece molto sottopeso può darti dei problemi, ma è facilmente risolvibile facendo un po' di palestra.

La seconda cosa di cui ti voglio parlare è un aspetto del tuo aspetto (perdona la cacofonia) che incide fortemente sul tuo linguaggio corporeo.

Ricordi quando ti dicevo di non tenere le spalle strette ma di aprirle? Bene, questa cosa risulta *molto più semplice* se il tuo corpo ha fatto un apposito allenamento.

Hai presente quando si dice: «Voglio fare degli esercizi per allargare le spalle»? Ecco, mi riferisco proprio a quello. Se fai palestra dovresti avere già sistemato questo aspetto, se invece ti rendi conto di avere le spalle un po' troppo strette, può essere utile, anche se non indispensabile, *fare degli esercizi per allargare un po' le spalle.*

In realtà non puoi allargare proprio niente e se mi sentisse un istruttore di palestra mi ucciderebbe. "Allargare le spalle" è un modo di dire, ma sono sicuro tu hai capito il concetto.

Come fare? Semplice: vai in palestra e chiedi, specifica bene il tuo obiettivo, non lasciare che ti impostino la scheda senza averti ascoltato attentamente. In linea di massima non ci vorrà più di qualche mese, la tua postura migliorerà, le donne ti guarderanno con più piacere e anche l'immagine che hai di te migliorerà favorevolmente.

PILASTRO n. 14: avere le spalle "aperte" è anche una questione fisica e, se ne senti il bisogno, puoi "allargare le spalle" con un po' di palestra.

L'ultimo argomento che voglio trattare riguardo alla tua immagine è il modo in cui ti vesti. Soprattutto nelle prime fasi in cui frequenti una donna, è importante **vestirti bene**.

Attenzione: bene non vuol dire né di marca, né costoso. Bene vuol dire vestirti con dei bei capi, che ti stanno bene e che non sono del secolo scorso!

Puoi farti un'idea generale guardando come sono vestite le persone in un locale alla moda. Se facendolo noti che nessuno porta gli abiti che indossi tu, che magari hai comprato vent'anni fa e sono un po' rovinati… forse è arrivato il momento di fare le pulizie di primavera e buttare via un po' di roba ☺.

Per scegliere i capi, all'inizio e se ne senti il bisogno, *puoi chiedere a un'amica*. In genere le donne sono più attente all'abbigliamento e alla moda. Chiedile di accompagnarti a fare shopping e, oltre a darti una mano su che cosa scegliere, chiedile di mostrarti in generale cosa secondo lei è bello e magari qualche negozio interessante. Ripeto: vestirsi bene non vuole assolutamente dire vestirsi con capi costosi, conoscere i negozi giusti della tua città ti darà sicuramente una mano a scegliere meglio spendendo meno.

Per concludere, vorrei sottolineare una cosa: molti uomini pensano di vestirsi bene quando, in realtà, si vestono da cani, quindi mettiti un po' in discussione e chiedi consiglio a qualche amica.

PILASTRO n. 15: vestirsi bene può essere molto utile nella seduzione; se ne senti il bisogno, chiedi a una tua amica di accompagnarti e fare shopping.

RIEPILOGO DEL CAPITOLO 3:

- PILASTRO n. 11: i due punti chiave per migliorare il tuo linguaggio corporeo sono allargare le spalle e prendere spazio attorno a te; allenare con costanza questi due aspetti è la base per ottenere un linguaggio corporeo efficace.
- PILASTRO n. 12: sebbene la bellezza maschile non sia molto importante nella seduzione, allo stesso tempo è utile che un uomo si valorizzi.
- PILASTRO n. 13: essere un po' sovrappeso non incide sulla seduzione, essere invece molto sottopeso può darti dei problemi, ma è facilmente risolvibile facendo un po' di palestra.
- PILASTRO n. 14: avere le spalle "aperte" è anche una questione fisica e, se ne senti il bisogno, puoi "allargare le spalle" con un po' di palestra.
- PILASTRO n. 15: vestirsi bene può essere molto utile nella seduzione; se ne senti il bisogno, chiedi a una tua amica di accompagnarti e fare shopping.

CAPITOLO 4:
Come migliorare il linguaggio paraverbale

Prima di affrontare il nocciolo del discorso sul linguaggio paraverbale, è necessario fare alcune considerazioni e mettere dei paletti. Cos'è il linguaggio paraverbale? È il "come dici le cose", quindi il tono, la velocità, l'enfasi e tutto ciò che può cambiare nel tuo modo di parlare.

Per mostrarti la *potenza del linguaggio paraverbale* ti chiedo: hai mai ascoltato qualcuno raccontare una storia dal contenuto poco interessante ma farlo in maniera così bella e coinvolgente che lo si ascolta comunque volentieri? E, al contrario, hai mai incontrato qualcuno che, qualunque cosa dica, è sempre noioso?

Se hai risposto sì, allora hai già distinto bene il linguaggio verbale dal paraverbale e ti sei già accorto della potenza del secondo e di quanto possa fare la differenza.

Se invece hai risposto no, mi spiace, mi dai comunque ragione ☺. Sì, perché nel momento in cui cataloghi un discorso come interessante o no, a seconda del paraverbale ti puoi facilmente rendere conto di quanto questo sia importante in una buona comunicazione.

Questa era la prima considerazione. E ora mettiamo il paletto. Immagina alcuni uomini che conosci e che hanno successo con le donne. Ti chiedo: hanno tutti un modo di parlare così interessante?

La riposta è no, non è facile riscontrare un collegamento diretto tra chi ha un **eccellente paraverbale** e chi ha successo con il gentil sesso. Ti giro quindi la domanda: questi uomini hanno un cattivo paraverbale? La risposta è ancora no: *chi ha successo con le donne non ha un cattivo paraverbale*.

Cosa ne ricaviamo? Ne ricaviamo quanto segue: la prima cosa necessaria a questo livello, per migliorare nella seduzione, è *correggere un eventuale cattivo paraverbale*, cosa che impareremo a fare tra breve. Un buon paraverbale è quindi necessario per avere successo.

E un paraverbale eccellente? Quello, per intenderci, che si avvicina alle capacità dei doppiatori? Sicuramente può essere utile, ma non è indispensabile.

PILASTRO n. 16: per avere successo con le donne è necessario correggere un cattivo paraverbale per raggiungere buoni risultati; una volta ottenuti, migliorare può essere sicuramente molto utile ma non necessario.

Questo non è un corso di dizione e sviluppo della voce, e non deve esserlo, ma ti mostrerò dei semplici esercizi che, fatti regolarmente, ti porteranno prima a correggere un eventuale cattivo paraverbale e, se portati avanti nella pratica, a raggiungere buoni livelli. Potrai fare il doppiatore o lo speaker radiofonico? No, non è questo il nostro obiettivo. Se finiti gli esercizi la tua passione per lo sviluppo della voce è aumentata, ti consiglio di fare qualche corso, il miglior modo per sviluppare la tua voce.

Bene, bando alle ciance, andiamo a capire il primo errore che fanno gli uomini a livello di paraverbale.

Qual è questo errore? È il *volume della voce troppo basso*, quello che erroneamente viene definito "tono di voce". «Abbassa il tono di voce», ti senti dire quando magari ti arrabbi e inizi a urlare. Quello che ti dovrebbero dire in realtà è: «Abbassa il volume di voce». Il tono, infatti, è l'altezza: pensa a un pianoforte: suonalo dalla nota più bassa alla nota più alta, ciò che cambia è il tono. Prendi invece lo stesso tasto e suonalo con tutta la tua forza: ciò che hai generato è un volume elevato.

Moltissimi uomini hanno un volume di voce molto basso e questo varia molto da zona a zona. In Italia possiamo notare come questo problema sia molto più frequente al Nord che al Sud. Ciò che è necessario fare è correggere questo difetto in un modo molto semplice: *sforzandoti di parlare un po' più forte*. Non devi urlare, solo alzare un po' il volume.

Ti avverto che *all'inizio ti sembrerà di urlare*, ti sembrerà di parlare esageratamente forte. È normale, pensa a una persona che non fa sport da anni che decide di farsi una corsetta. Risultato? Dopo 100 metri avrà il fiatone, ma non perché abbia esagerato nella corsa, solo perché non è abituata.

Allo stesso modo, all'inizio ti sembrerà di parlare troppo forte, molto più forte della realtà. *Per renderti conto che così non è ti basta guardare i feedback.* Nota se le altre persone ti dicono qualcosa o sembrano infastidite dal volume della tua voce.

Nella maggior parte dei casi non sarà così, ma nell'eventualità che tu riscontri feedback di questo tipo, vorrà dire semplicemente che hai capito alla perfezione ciò che ti sto spiegando, devi solo abbassare il volume di un paio di tacche ☺.

PILASTRO n. 17: il primo errore di paraverbale che fanno gli uomini è parlare con un volume troppo basso: sforzati di parlare un po' più alto, all'inizio ti sembrerà di urlare ma nella maggior parte dei casi non sarà così; per capirlo, guarda le reazioni delle altre persone.

Il secondo errore che fanno gli uomini, anche se molto meno comune del primo, è quello di *parlare in modo frenetico* quando hanno una conversazione con una donna. Non mi riferisco al parlare velocemente, ma al farlo così velocemente da far venire un po' d'ansia all'interlocutore, o da sembrare ridicoli.

Ciò che sub-comunichi, che comunichi senza dirlo apertamente, è l'agitazione e soprattutto il timore di non essere ascoltato assieme alla paura che non ti capiterà mai più di parlare con una donna ☺.

Non sono io a doverti dire che tutto questo va a inficiare i tuoi sforzi seduttivi e che, a differenza del primo errore, questo non avviene con tutti, ma solo con le donne che ti piacciono. Come risolvere? Semplicemente ricordandotelo!

PILASTRO n. 18: il secondo errore di paraverbale che fanno gli uomini nella seduzione è parlare in modo troppo frenetico quando sono con una donna che vogliono sedurre; per risolvere ti basta ricordatelo, fare un bel respiro, e parlare con più calma.

Avendo superato i due scogli fondamentali, passiamo a un livello successivo e occupiamoci di *come puoi rendere il tuo paraverbale più interessante.*

Scegli un argomento che ti annoia, non qualcosa che odi, ma che proprio ti annoia a morte. Fatto? Bene, ora invece scegli un argomento che ti appassiona veramente, un argomento di cui sai moltissimo e di cui ti piace parlare.

Immaginati parlare del primo argomento, quello noioso. Presta attenzione a come parli e all'energia che (non) emani. Ora invece immaginati parlare del secondo argomento, quello che ti appassiona all'ennesima potenza. Come parli? Come ti muovi? Come ti senti? Che energia emani?

Bene, per renderti conto della differenza del paraverbale vorrei che facessi un esercizio. Alzati in piedi e, per prima cosa, parla per qualche minuto del primo argomento nel modo che usi per parlare del secondo. Mi spiego meglio: vorrei che il contenuto del tuo discorso fosse ciò che reputi noioso, ma il modo in cui lo racconti deve far capire che questa cosa *ti piace alla follia*. Esagera, usa tutta la tua energia per convincere un interlocutore immaginario che ti sta di fronte di quanto sia bello ciò che stai dicendo.

Dopo che hai fatto la prima parte dell'esercizio, siediti e fai l'esatto contrario: parla a un interlocutore immaginario del secondo argomento, quello che ti piace moltissimo, ma nel modo in cui ti verrebbe da parlare del primo, quindi con un linguaggio paraverbale che *lasci trasparire la noia più totale.*

È un esercizio molto divertente e sono sicuro che ti piacerà. Allo stesso tempo, puoi iniziare a giocare sul paraverbale, perché ora ti svelo il modo migliore per svilupparlo.

PILASTRO n. 19: il modo migliore per sviluppare il paraverbale è giocare con esso e divertirti, portarlo all'estremo, esagerare e riderci sopra.

Come fare nella pratica? Andiamo subito a vederlo. Prendi un testo scritto, va bene qualunque cosa, un testo scritto da te o da altri, puoi anche prendere una parte di questa guida se lo desideri.

Tono

Concentrati sul tono della voce. Il tono è l'altezza. Ricordi l'esempio delle note del pianoforte? Bene, il tuo scopo iniziale è quello di variare il più possibile il tono di ciò che leggi. Prima di tutto, gioca ed esagera il tono, ogni due o tre parole cambia il tono di voce, basso alto, alto basso, dai anche un tono senza senso, non importa, non ce n'è uno giusto o sbagliato, l'importante è giocare.

Volume

L'esercizio è quello di prima, ma questa volta, invece di concentrarti sul tono, concentrati sul volume e, quindi, come hai fatto prima, gioca, aumenta il volume e diminuiscilo, divertirti ed esagera.

Velocità

Sono sicuro che hai già capito ciò che devi fare: giocare questa volta sulla velocità, veloce, lento, lentissimo e di nuovo veloce.

Piaciuto l'esercizio? Ovviamente non ti basta farlo una volta per rendere il tuo paraverbale più interessante. Più lo fai meglio è.

Ora c'è l'ultimo esercizio, sei pronto? Dato che hai aumentato la flessibilità di volume, velocità e tono, è ora di unire tutte queste cose e dare una direzione al tuo operato.

Scegli un testo qualunque e recitalo rendendolo il più interessante possibile, varia velocità, tono e volume e divertiti, gioca, anche qui non c'è un modo giusto o sbagliato.

Ogni giorno prendi un nuovo pezzo, bastano poche righe, e gioca con esso. Buon divertimento!

RIEPILOGO DEL CAPITOLO 3:

- PILASTRO n. 16: per avere successo con le donne è necessario correggere un cattivo paraverbale per raggiungere buoni risultati; una volta ottenuti, migliorare può essere sicuramente molto utile ma non necessario.
- PILASTRO n. 17: il primo errore di paraverbale che fanno gli uomini è parlare con un volume troppo basso: sforzati di parlare un po' più alto, all'inizio ti sembrerà di urlare ma nella maggior parte dei casi non sarà così; per capirlo, guarda le reazioni delle altre persone.
- PILASTRO n. 18: il secondo errore di paraverbale che fanno gli uomini nella seduzione è parlare in modo troppo frenetico quando sono con una donna che vogliono sedurre; per risolvere ti basta ricordatelo, fare un bel respiro, e parlare con più calma.
- PILASTRO n. 19: il modo migliore per sviluppare il paraverbale è giocare con esso e divertirti, portarlo all'estremo, esagerare e riderci sopra.

CAPITOLO 5:
Cosa dire e cosa non dire per sedurre una donna

Siamo finalmente giunti al linguaggio verbale, quindi in parole povere al "cosa dire a una donna nella seduzione".

PILASTRO n. 20: per prima cosa è bene eliminare argomenti e modi di parlare che non fanno bene alla tua seduzione.

Iniziamo a togliere gli errori più grossi nella conversazione con una donna. Ecco quindi cosa **non fare**:

- *Vantarsi.* Anche se può sembrare il contrario, vantarsi è indice di bassa autostima. Chi si vanta comunica di non sentirsi all'altezza della persona che ha di fronte e quindi mette in mostra alcune cose per raggiungere il livello del proprio interlocutore.
- *Trattarla come se fosse superiore.* Mettere su un piedistallo una donna come se fosse superiore a te è una delle cose peggiori che puoi fare.

- *Provare a convincerla a parole.* Convincere una donna in maniera logica del perché dovrebbe mettersi con te non ottiene alcun risultato. La seduzione è fatta di emozioni, non di logica.
- *Fare troppo o troppo presto il bravo ragazzo.* Come abbiamo visto nel primo capitolo, fare il "bravo ragazzo" funziona, ma questo lato di te va mostrato al momento giusto.
- *Fare troppe domande.* Alcuni uomini fanno una serie interminabile di domande, ma questo non fa altro che annoiare la donna che hanno di fronte.

Andiamo ora a vedere che genere di **argomenti evitare**:

- *Argomenti troppo logici.* A meno che non siano di forte interesse per entrambi, e in tal caso te ne accorgi, soprattutto nelle prime fasi della seduzione evita argomenti troppo logici che richiedono ragionamenti macchinosi.
- *Argomenti tecnici.* Una mia amica una volta si è dovuta sorbire un uomo che le ha parlato per mezz'ora di transistor e cose simili. Inutile dire che non si sono più visti.
- *Volgarità.* Evita argomenti volgari e racconti che possono andare bene solo per una serata goliardica con gli amici.

Andando più nello specifico vediamo, in particolare, quali argomenti evitare:

- *Calcio.* A molte donne non interessa l'ultimo acquisto della tua squadra del cuore!
- *Motori.* Le differenze tra le varie berline non interessano molto a una donna.
- *Politica.* Oltre a essere un argomento estremamente logico e macchinoso, è anche molto rischioso perché non puoi sapere che idee politiche ha la donna che hai di fronte.
- *Orientamento sessuale.* Quale che sia la tua opinione in merito, all'inizio tienila per te. Magari lei ha un'amica lesbica o, al contrario, è cresciuta in un ambiente in cui l'omosessualità era vista come un peccato.

Evitando gli errori appena esposti, un problema che sorge in molti uomini, quando parlano per la prima volta con una donna, è il *rimanere senza cose da dire* e creare quindi dei **silenzi imbarazzanti**.

Andiamo a risolvere il problema e facciamo in modo che tu non rimanga mai più senza cose da dire! La domanda che vorrei farti è questa: «Quando parli con una donna e rimani senza cose da dire… non hai veramente nulla da dire?» Dopotutto, quando parli con amici o conoscenti questo problema non sorge mai, quindi la questione sta nella mancanza di cose da dire o invece il punto è un altro?

Ecco il segreto: non c'è "fisicamente" una mancanza di cose da dire, hai una vita, una serie di esperienze e pensieri e non hai nulla da dire?

No, il discorso è un altro. Ecco ciò che accade: ogni volta che stai parlando con una donna e tendono a esserci dei silenzi imbarazzanti *nella tua mente tu imposti una specie di asticella.*

Hai presente il segnale che trovi all'ingresso delle montagne russe? Quello in cui si dice a bambini: «Se sei sotto questa altezza, non puoi passare»? Ecco, si tratta di qualcosa di molto simile!

E cosa fai con questa asticella? Misuri ciò che ti viene in mente di dire. Certo, non lo fai in modo conscio, quindi non te ne rendi conto, ma inconsciamente il tuo cervello ti propone una serie di argomenti e cose di cui parlare, poi li confronta con l'asticella e *se non sono all'altezza* li scarta, così spesso ti ritrovi senza nulla da dire.

In altri termini ti vengono in mente tante cose da dire, ma molte di queste non passano l'esame dell'asticella perché considerate non all'altezza della donna che hai di fronte. E *più consideri di valore la donna che hai davanti più l'asticella si alza e tu fai sempre più fatica a trovare argomenti.*

La brutta notizia è che questo accade anche quando parli senza problemi, ma consideri la donna che vuoi sedurre superiore a te. Il risultato è che ogni cosa che dici è sempre "di un certo livello", lei se ne accorge e ti classifica come una persona che la vuole impressionare. Game over.

E non è solo una questione di argomenti, ma anche del **modo** in cui dici le cose. Mi ricordo una volta che una ragazza, parlando di una persona con cui usciva, mi disse: «Parliamo di tutto, ma mi sembra sempre che mi voglia impressionare, mostrarsi sempre perfetto». Come risolvere la questione?

PILASTRO n. 21: realizza che le donne sono al tuo stesso livello, che non c'è una persona superiore e inferiore e che puoi parlare di ciò che vuoi (a parte gli argomenti che ti ho segnalato) senza il bisogno di impressionare nessuno.

Dopo aver affrontato la cosa da un punto di vista psicologico, vediamo un aspetto più tecnico perché è vero che spesso si rimane senza cosa da dire per il motivo che ti ho appena spiegato, ma allo stesso tempo allenare un po' di flessibilità conversazionale è utile.

Hai mai provato a pensare a qual è il flusso di una conversazione? Ti sei mai chiesto com'è possibile partire da un certo argomento, passare per argomenti che non c'entrano nulla con quello iniziale e finire con cose che c'entrano ancora meno?

Personalmente ho sempre trovato affascinante individuare i flussi comunicativi, il susseguirsi di argomenti in una conversazione e notare quanto le persone partecipino o meno al dialogo di gruppo a seconda dell'argomento della conversazione.

Come funziona il susseguirsi dei diversi argomenti nella

conversazione? Il principio fondamentale è quello dell'**analogia**, principio che collega anche i nostri pensieri tra di loro, nonché i nostri pensieri con quello che accade attorno a noi.

Ad esempio, stai guidando e a un certo punto vedi un'auto che ti piace, ma è troppo sportiva e bassa. Ci pensi un attimo e poi ti viene in mente che i tassi di interesse in questo periodo sono bassi, ti viene in mente che hai dei fondi investiti e ti chiedi come staranno andando, da lì ti viene in mente la ragazza allo sportello della banca che è molto carina.

Come vedi hai iniziato con un'automobile che ti piace e sei finito a pensare alla ragazza dello sportello della tua banca. Sono meccanismi così veloci e poco consci che, nella maggior parte dei casi, non ci accorgiamo di attuarli.

Ciò che ti invito a fare, se sei curioso di sentire come ragiona il tuo cervello, è bloccare ogni tanto il tuo flusso di pensieri e chiederti: «Come sono arrivato a pensare questo? Da dove sono partito?»

Questo è ciò che accade nella tua mente. E nella conversazione? Accade la stessa cosa, solo moltiplicata per due. *Nella conversazione i cervelli che fanno analogie sono in due e quindi le possibilità di toccare diversi argomenti sono maggiori.*

Nella conversazione, il tuo cervello funziona già con il principio dell'analogia. Ciò che puoi fare è *puntare maggiormente su questa tua capacità* di modo da *aumentare la flessibilità e la rapidità nel trovare argomenti nuovi* e portare il meccanismo a livello conscio così da aumentare la tua sicurezza quando andrai a parlare con una donna sconosciuta, perché ti renderai conto delle tue capacità. Come fare?

PILASTRO n. 22: la conversazione funziona secondo il principio dell'analogia: per mandare avanti una conversazione, lascia che la tua mente faccia continue analogie e punta su questa tua capacità per avere delle buone conversazioni.

Andiamo ora a vedere una **tecnica** potentissima per **creare attrazione** in una donna. L'attrazione è l'emozione/sensazione fondamentale che deve inizialmente esserci per conquistare una donna. Con "deve inizialmente esserci" intendo che, se non c'è, è necessario generarla.

È qualcosa che *si fa già naturalmente*. Ricordi il discorso iniziale dello scegliere modi di fare, di pensare, modi di agire efficaci nella seduzione? Bene, ciò significa che tutto questo esiste già. Ciò che faccio nel mio lavoro è selezionare le modalità più efficaci e sezionarle per renderle applicabili.

Quindi, il fatto che si chiamino "tecniche di seduzione" non le rende qualcosa di meccanico. "Tecniche" è solo un nome e il fatto che io te le proponga sezionandole è solo a fini didattici.

All'inizio, infatti, può darsi che *dovrai pensarci per applicarle*, come quando hai guidato un'auto per la prima volta: abbassa la frizione, metti in marcia, lascia andare lentamente la frizione… Hai prima imparato queste cose in modo meccanico e poi, con la pratica, hai reso il tutto naturale e istintivo.

Scommetto che anche tu qualche volta hai fatto un tratto di strada che conoscevi a menadito, pensavi agli affari tuoi e alla fine sei arrivato a destinazione quasi senza rendertene conto. Perché? Perché *il tuo inconscio ha automatizzato tutti i comportamenti richiesti per quel compito*, tutte quelle cose che prima ti sembravano così complesse, ora riesci a farle *senza nemmeno pensarci.*

La stessa cosa vale per le tecniche di seduzione: all'inizio dovrai pensarci e potrai sbagliare, è normale, ma a poco a poco diventeranno parte di te.

La tecnica che ti andrò a spiegare è quella dell'**imperturbabilità**. Vediamo prima cos'è in generale, poi perché funziona e, infine, cosa fare per metterla in atto nella pratica e come allenarla.

L'imperturbabilità è una tecnica che sta alla base non solo della seduzione, ma anche *dell'essere uomo*. Inserisco questa tecnica nella parte relativa al linguaggio verbale perché si esprime anche verbalmente ed è facile notarla a livello verbale, ma in realtà comprende tutta la tua comunicazione.

In che cosa consiste? Consiste nel *rimanere imperturbabili di fronte ad avvenimenti che ti possono turbare negativamente*. Lo dice la parola stessa: “im-perturbabilità”, quindi “capacità di non lasciarsi intaccare troppo da avvenimenti esterni”.

Facciamo subito un esempio: stai flirtando con una donna e, a un certo punto, lei fa una battuta piuttosto pungente su qualcosa che ti dà fastidio. Fondamentalmente puoi reagire in tre modi distinti:

1. hai una forte reazione negativa, ti arrabbi o metti il muso;
2. rimani imperturbabile e lasci perdere, pensando che sia una sciocchezza;
3. rimani imperturbabile e, dato che ciò che ha detto lo reputi una mancanza di rispetto nei tuoi confronti, *con molta calma* le dici di non farlo più.

La seconda e la terza reazione si assomigliano molto e vanno entrambe benissimo. La cosa che le accomuna è il fatto di non essere turbati. Quale scegliere delle due? Dipende da cosa ha detto. Se pensi che abbia superato il limite e trovi la sua battuta una mancanza di rispetto è *buona cosa farglielo presente.*

Imperturbabilità, infatti, *non significa inazione*. Puoi agire senza essere turbato, anzi ti dico di più, *quando agisci senza essere turbato agisci meglio perché non sei sospinto da forti emozioni negative*. Agisci con più chiarezza e consapevolezza, tutte caratteristiche dannatamente **attraenti**! Nota che, nell'esempio, ho detto che le fai presente la cosa "con molta calma": questo è fondamentale.

PILASTRO n. 23: l'imperturbabilità è una tecnica di seduzione potentissima che ha a che fare con tutto il tuo essere uomo e significa non lasciarsi turbare da forti emozioni negative.

Facciamo ora una precisazione. Quando inizio a parlare di imperturbabilità i dubbi fondamentali che sorgono sono tre.

Il primo riguarda il **trattenersi**. Se parliamo di rabbia come sensazione negativa, il concetto può essere scambiato con il sentire la rabbia e non esprimerla, non comunicarla, quindi con il trattenersi. In realtà, imperturbabilità non significa sentire l'emozione negativa e non comunicarla, significa *non sentirla* *proprio!* A lungo andare, trattenersi fa male e non è ciò di cui stiamo parlando.

Il secondo dubbio riguarda l'**imperturbabilità perfetta**. Effettivamente il termine potrebbe lasciar intendere qualcosa di così inscalfibile da risultare perfetto. Mi riferisco a questo? No, è ovvio che un uomo ogni tanto se la possa prendere, possa essere giù di morale o afflitto da altri tipi di emozioni negative. Imperturbabilità significa:

- farsi turbare meno: provare meno emozioni negative;
- non farsi turbare per sciocchezze;
- non lasciare che stati negativi rimangano per troppo tempo.

Che esista o meno, l'imperturbabilità perfetta non è ciò che ci interessa, ma se l'argomento ti appassiona ti invito a leggere qualche testo che tratta di Buddismo.

Il terzo e ultimo dubbio riguarda il **non agire**. L'ho già scritto e lo ripeto: imperturbabilità non vuol dire inazione, anzi, *quando agisci con imperturbabilità agisci meglio e con più efficacia*.

È quindi giunto il momento di capire *come essere imperturbabili*, per poi vedere come si esprime questa imperturbabilità nella pratica a livello verbale.

Lasciami subito dire che *non diventi imperturbabile dal giorno alla notte*. È una pratica quotidiana perché non è relativa solo alle donne ma a *tutta la tua vita*. I tipi di esercizi che puoi fare si dividono in due categorie:

1. quelli che fai *preventivamente*: sono gli esercizi che non fai nel momento del possibile sorgere dell'emozione negativa, ma in un *contesto diverso*, spesso a casa o in un luogo tranquillo;
2. quelli che fai al *possibile sorgere dell'emozione negativa*.

Quali è meglio fare? Entrambi!

PILASTRO n. 24: per aumentare la tua imperturbabilità puoi fare due tipi di esercizi, quelli da fare preventivamente e quelli che puoi fare quando sta per sorgere l'emozione negativa.

Vediamo brevemente quelli del primo tipo. Consistono

fondamentalmente in esercizi di **rilassamento** e **meditazione**. Come fare una semplice meditazione? Senza andare a scomodare pratiche complesse, una semplice meditazione consiste nel *ritagliarti dieci minuti al giorno solo per te* in un luogo tranquillo in cui nessuno ti può disturbare.

Cosa fare in questi dieci minuti? Chiudi gli occhi, respira profondamente e poi *poni tutta l'attenzione sul tuo respiro*. Vedrai che proverai una *profonda sensazione di rilassamento* e probabilmente sorgeranno dei pensieri. In altri termini, sentirai la tua voce interna. Evita di sforzarti di non pensare, evita di giudicare i tuoi pensieri, semplicemente: *guardali e sii conscio di essi*. Fai questo esercizio per dieci minuti al giorno, e anche due volte al giorno se vuoi e allungare il tempo.

Sulla meditazione e il rilassamento si potrebbe scrivere un'enciclopedia. Per ora vorrei consigliarti due ottimi testi: il primo è molto famoso e, oltre a trattare di meditazione, ti fa anche prendere coscienza di alcune importanti caratteristiche dei tuoi pensieri.

Il secondo, forse (ancora ☺) non così famoso come il primo, è invece più pratico e ti mostra degli ottimi esercizi per rilassarti, esercizi che migliorano tutta la tua giornata e la tua vita.

Il primo è il magnifico *Come smettere di fasi le seghe mentali e godersi la vita* di Giulio Cesare Giacobbe (Ponte alle Grazie, 2003). Il secondo è invece il praticissimo Rilassamento Dinamico, del mio amico e collega Gennaro Romagnoli.

Entrambi i testi, oltre che piacermi personalmente, hanno ricevuto pareri favorevolissimi dai miei utenti, quindi ti consiglio di leggerli.

Immagino che ora sarai curioso di conoscere gli esercizi del secondo tipo che rispondono alla domanda: «Cosa fare quando sorge o sta per sorgere un'emozione negativa?»

Ci sono molte tecniche che puoi usare, ma voglio spiegarti *la più semplice da applicare*. La tecnica consiste nel dire a te stesso, ad alta voce o nella tua testa, a seconda della situazione, *una frase che per te ha effetto*. Lo scopo è quello di *lasciar andare sensazioni negative rendendo meno importante ciò che le ha causate.*

All'inizio forse non ti sembrerà efficacissimo ma, a poco a poco, la frase che dici a te stesso *funzionerà come un mantra e diventerà un ancoraggio per stati di rilassamento.*

Come scegliere la frase? Ti consiglio di scegliere quella che funziona di più per te, che risuona di più con te per ottenere lo scopo desiderato.

Qui di seguito trovi alcuni esempi. Leggili lentamente e immagina di dirli in una situazione subito prima che sorga un'emozione negativa, sia essa rabbia, tristezza, o qualunque altra cosa:

- «Non importa».
- «Lascio andare questa sensazione».
- «Fa lo stesso».
- «Lascio scorrere».
- «È veramente importante?»
- «Se un problema non si può risolvere, perché preoccuparsi? Se un problema si può risolvere, perché preoccuparsi?»

- «Accettazione».
- «Accetta e vai avanti».
- «Non c'è problema».

Questi sono solo esempi, che puoi fare tuoi, che puoi unire e/o modificare e dai quali puoi prendere spunto per ricavarne qualcosa che fa più al caso tuo.

Veniamo ora all'ultima parte del nostro percorso, cioè all'**applicazione** dell'imperturbabilità nella seduzione a livello di comunicazione verbale e non solo.

Molte volte le donne, quando ci stai provando con loro, ti fanno dei **test**. Un test è appunto una modalità che hanno le donne per vedere se ciò che sentono, vedono e pensano di te è reale o no.

In altri termini, ciò che pensa inconsapevolmente una donna, quindi senza rendersene conto, quando fa un test è: «Ok, quest'uomo sembra molto interessante. Vediamo se lo è veramente...»

La buona notizia è questa: un test è un segnale di **interesse**, una donna non attratta non testa l'uomo che ha di fronte. La cattiva notizia è che i test sono di molti tipi diversi ed è praticamente impossibile classificarli tutti.

Che fare quindi? Prima di tutto è necessario saperli individuare e per farlo ti basta *capire lo scopo dei test*. Lo scopo è far emergere una sensazione negativa che *si esprime in una reazione negativa*. Se emerge una reazione negativa, il test è fallito e l'uomo non è abbastanza imperturbabile. Ciò non significa che la seduzione sia fallita, significa però che lui ha perso qualche punto. Se invece l'uomo non reagisce negativamente, l'attrazione della donna nei suoi confronti cresce.

PILASTRO n. 25: una donna attratta farà dei test all'uomo che ci sta provando con lei allo scopo di scoprire se colui che ha di fronte è come sembra. Se l'uomo non reagisce negativamente il test è superato e l'attrazione di lei cresce. La chiave è quindi rimanere imperturbabili.

Ti faccio alcuni esempi di test con relativa reazione scorretta e fallimento del test e, a seguire, la reazione corretta, quindi imperturbabile, da parte dell'uomo. Ricorda: *la chiave per superare i test è rimanere imperturbabili*, quindi non reagire negativamente. Ecco alcuni test classici che ti possono fare le donne nella seduzione.

Lei: «Ma ci stai provando?»
Reazione errata: «Io, ehm… no, no figurati!»
Reazione corretta: «Certo» ☺, oppure «Ti piacerebbe» ☺.

Lei: «A quante donne hai detto questa frase questa sera?»
Reazione errata: «No no, ti assicuro che ci ho provato solo con te questa sera».
Reazione corretta: «Un milione» ☺, oppure «Sei gelosa?»

Lei (dopo pochi secondo che la conosci): «Offrimi da bere».
Reazione errata: «Sì, subito».
Reazione corretta: «Dai sempre ordini alle persone principessina?» ☺, oppure «Io sono per la parità dei sessi: io offro a te e tu a me, ci stai?» ☺.

Tieni presente che, dato che la chiave di volta è rimanere imperturbabili, va benissimo anche *non rispondere e fare un semplice sorriso.*

Ora, queste sue frasi sono poco o nulla rispetto a eventi della vita più forti, per cui forse farai un po' più fatica a rimanere imperturbabile.

Tieni presente che *l'imperturbabilità è una sola, è tutto collegato.* Se ti alleni a non reagire negativamente in altri campi della vita questo influisce fortemente anche sulla seduzione.

A parte questi esempi di frasi dette da lei, nella seduzione l'essere imperturbabile si esprime anche con l'*essere decisi* e *non lasciarsi scoraggiare da qualche difficoltà.*

Cosa intendo nella pratica? Hai presente quando una donna "fa la difficile"? Ecco, in quel momento lei ti sta testando, vuole testare la forza del tuo animo, vuole vedere se ti arrendi alla prima difficoltà che lei ti pone davanti, oltre che cercare di capire quanto tieni a lei.

Il suo ragionamento è il seguente: «Se gli pongo davanti questa difficoltà e non la supera, come potrà essere forte in momenti della vita che saranno veramente pesanti, in cui avrò bisogno di un uomo con la U maiuscola al mio fianco?» Per questo motivo può farti dei test anche molto forti.

Quanto forti? Di norma più una donna ha stima di sé, della propria bellezza e del proprio carattere, più si considera di valore, più farà dei test, magari dei test pesanti. Come se, per conquistare la principessa più bella del reame, il cavaliere dalla lucente armatura dovesse affrontare i draghi più spaventosi delle paludi oscure ☺.

Concludendo, tengo a ricordare che le donne non ti testano perché sono cattive, ma lo fanno per vedere quanto vali. Quindi, in altre parole, ti fanno un favore. Primo perché ti allenano a non prendertela per delle sciocchezze e a persistere, secondo perché un test è un segnale di interesse nei tuoi confronti e terzo perché *un test è un'opportunità per generare attrazione in lei*. Basta superarlo.

Siamo giunti alla fine e ti ringrazio di avermi concesso del tempo per leggere questa guida.

Ricorda che non si cambia dall'oggi al domani, ci vuole impegno, ma i risultati ripagano cento e mille volte gli sforzi fatti.

Negli anni ho visto uomini *cambiare tanto radicalmente da trasformare tutta la loro vita*, perché la spinta che hanno tratto dal miglioramento raggiunto nella seduzione li ha portati a migliorare a 360 gradi.

Questo è il mio augurio: ti auguro una vita piena di tutto ciò che desideri, ti auguro di creare la tua vita come tu la voi, in fatto di donne e non solo.

RIEPILOGO DEL CAPITOLO 5:

- PILASTRO n. 20: per prima cosa è bene eliminare argomenti e modi di parlare che non fanno bene alla tua seduzione.
- PILASTRO n. 21: realizza che le donne sono al tuo stesso livello, che non c'è una persona superiore e inferiore e che puoi parlare di ciò che vuoi (a parte gli argomenti che ti ho segnalato) senza il bisogno di impressionare nessuno.
- PILASTRO n. 22: la conversazione funziona secondo il principio dell'analogia: per mandare avanti una conversazione, lascia che la tua mente faccia continue analogie e punta su questa tua capacità per avere delle buone conversazioni.
- PILASTRO n. 23: l'imperturbabilità è una tecnica di seduzione potentissima che ha a che fare con tutto il tuo essere uomo e significa non lasciarsi turbare da forti emozioni negative.
- PILASTRO n. 24: per aumentare la tua imperturbabilità puoi fare due tipi di esercizi, quelli da fare preventivamente e quelli che puoi fare quando sta per sorgere l'emozione negativa.
- PILASTRO n. 25: una donna attratta farà dei test all'uomo che ci sta provando con lei allo scopo di scoprire se colui che ha di fronte è come sembra. Se l'uomo non reagisce negativamente

il test è superato e l'attrazione di lei cresce. La chiave è quindi rimanere imperturbabili.

Conclusione

Siamo giunti alla fine del nostro percorso e hai davanti a te **una scelta**.

Puoi mettere da parte questo ebook adducendo scuse che sono sicuro saranno facili da trovare. Ma, per non farti faticare troppo, te ne suggerisco io alcune da usare a tuo piacimento:

- «Ora non ho tempo».
- «Appena finisco di fare alcune cose gli do una riletta e lo metto in atto».
- «Sì, d'accordo, tante belle parole ma in fondo...»
- «Io non ne ho bisogno».
- «Non ce la farei mai ad applicarlo».

Queste sono le classiche **scuse** e **autogiustificazioni** che ci diciamo in continuazione quando ci troviamo di fronte a una qualunque cosa che potrebbe cambiare la nostra vita. Ci prendiamo in giro in continuazione e rimaniamo nella nostra zona

di comfort.
Mi auguro fortemente che non sia questa la tua scelta. Il solo fatto di aver acquistato questo ebook è un forte segnale della tua voglia di **miglioramento**.

Il primo passo quindi lo hai già fatto e ti faccio i miei più sinceri complimenti, non sono molti gli uomini che lasciano da parte il proprio ego per seguire il proprio desiderio di cambiamento. Perciò: complimenti!

Ora hai le giuste informazioni. Dietro a queste, sappi che ci sono anni di impegno, prove, errori, tentativi falliti e, infine, successi. Ho provato veramente moltissime cose diverse, scartandone la maggior parte e tenendo solo ciò che funziona veramente.

Per te non dovrà essere così. Hai già in mano delle **informazioni selezionate** e quindi il tempo che servirà a te per migliorare è molto, molto meno di quello che fu necessario a me. Allo stesso tempo sia chiaro: ci vuole impegno e costanza, ma *i risultati ripagheranno un milione di volte gli sforzi fatti*.

Io ti ho dato gli strumenti necessari per iniziare il tuo cammino, ora l'impegno ce lo devi mettere tu, perché è l'azione che plasma la tua vita in ogni singolo istante, e nessuno può fare le flessioni al posto tuo.

Come diceva Malcolm X: «Nessuno ti può dare la libertà, nessuno ti può dare uguaglianza, giustizia o qualunque altra cosa. Sei un uomo, te la devi prendere».

Marco (alias Reborn)

Sitografia

http://www.seduzioneattrazione.com/

http://www.youtube.com/user/MarcoRebornSeduzione

http://www.facebook.com/seduzioneattrazione

www.ingramcontent.com/pod-product-compliance
Ingram Content Group UK Ltd.
Pitfield, Milton Keynes, MK11 3LW, UK
UKHW022015190726
13853UKWH00005B/1950